# BEI GRIN MACHT SICH IH
# WISSEN BEZAHLT

- Wir veröffentlichen Ihre Hausarbeit,
  Bachelor- und Masterarbeit

- Ihr eigenes eBook und Buch -
  weltweit in allen wichtigen Shops

- Verdienen Sie an jedem Verkauf

## Jetzt bei www.GRIN.com hochladen
## und kostenlos publizieren

**Bibliografische Information der Deutschen Nationalbibliothek:**

Die Deutsche Bibliothek verzeichnet diese Publikation in der Deutschen National-bibliografie; detaillierte bibliografische Daten sind im Internet über http://dnb.d-nb.de/ abrufbar.

**Impressum:**

Copyright © 2009 GRIN Verlag
Druck und Bindung: Books on Demand GmbH, Norderstedt Germany
ISBN: 9783668753112

**Dieses Buch bei GRIN:**

https://www.grin.com/document/428888

Dirk Simon

# Literaturunterricht zum Thema Mobbing. "Klassenspiel" von Celia Rees

## Planung und Analyse einer Unterrichtseinheit für die Klassenstufe 8

GRIN Verlag

**GRIN - Your knowledge has value**

Der GRIN Verlag publiziert seit 1998 wissenschaftliche Arbeiten von Studenten, Hochschullehrern und anderen Akademikern als eBook und gedrucktes Buch. Die Verlagswebsite www.grin.com ist die ideale Plattform zur Veröffentlichung von Hausarbeiten, Abschlussarbeiten, wissenschaftlichen Aufsätzen, Dissertationen und Fachbüchern.

**Besuchen Sie uns im Internet:**

http://www.grin.com/

http://www.facebook.com/grincom

http://www.twitter.com/grin_com

# Inhaltsverzeichnis

## Einleitung

Der Literaturunterricht hat sehr viele Aufgaben zu erfüllen, unter anderem die Ausbildung und Ausreifung der Imagination, das Fremdverstehen und die Förderung der emotionalen Sensibilität.

Gerade bei einem Thema wie Mobbing greifen viele verschieden Prozesse, die nicht immer leicht zu entzerren und zu verstehen sind, auf Grund ihrer Komplexität.

Durch verschiedene Möglichkeiten produktiven Schreibens bzw. generell eines produktiven Umgangs mit dieser Literatur, zum Beispiel durch das Einfügen einer weiteren Figur, das Erfinden eines Interviews usw. lassen sich solche Prozesse leichter aufschlüsseln, verstehen und Handlungskonzepte könnten erarbeitet werden.

Mit dieser Literatur und einer produktiven Herangehensweise an diesen Text können wesentliche Punkte des Lehrplans erfüllt oder zumindest angerissen werden.

## Sachanalyse

### Das Jugendbuch

In den Beiträgen zur Geschichte, Kritik und Didaktik der Kinder- und Jugendliteratur im bürgerlichen Zeitalter[1] unterscheidet Malte Dahrendorf in einer Definition von Kinder- und Jugendliteratur zwischen der intentionalen Kinder- und Jugendliteratur als „speziell für Kinder- und Jugendliche geschriebene und/oder veröffentlichte Literatur"[2] und der nicht speziell für Kinder und Jugendliche verfassten, jedoch von dieser Adressatengruppe tatsächlich gelesenen Literatur.[3]

Die Autorin des Buches „Klassenspiel" Celia Rees schreibt auf ihrer Homepage, dass sie ihre Bücher explizit für Kinder, Jugendliche und junge Erwachsene schreibt, in der Hoffnung, dass sie das lesen wollen würden.[4] Ihr Leserpublikum entspricht auch ihrem Ansatz und somit können ihre Werke, im konkreten Fall das Buch „Klassenspiel" zur Kinder- und

---

[1]     DAHRENDORF, MALTE: Kinder- und Jugendliteratur im bürgerlichen Zeitalter. Beiträge zu ihrer Geschichte, Kritik und Didaktik. Königstein/Ts. 1980.

[2]     DAHRENDORF, MALTE: Kinder- und Jugendliteratur im bürgerlichen Zeitalter. Beiträge zu ihrer Geschichte, Kritik und Didaktik. Königstein/Ts. 1980, S. X.

[3]     http://www.ib.hu-berlin.de/~kumlau/handreichungen/h38/kapitel2.htm

[4]     "I would write for teenagers, books that they would want to read, almost adult in style and content, but with people like them at the centre." http://www.celiarees.com/author/biography.html

Jugendliteratur gezählt werden, welche laut Lehrplan in der achten Klasse im Fach Deutsch bei der Lektüreauswahl berücksichtigt werden soll.

## Die Autorin Celia Rees

Celia Rees wurde 1949 in Solihull England geboren, als Tochter eines Grundschuldirektors. Sie studierte Politik und Geschichte an der Warwick University. Nach ihrem Studium unterrichtete sie zehn Jahre Englisch an Gesamtschulen. Durch einen Lehrgang an der Universität von Birmingham kam sie zum Schreiben und intensivierte dieses Interesse, bis sie es schließlich zu ihrem Hauptberuf machte.

Ihre Ideen für ihre Bücher hat sie sich aus ihrer Kindheit bewahrt, aber auch das Studium und das ganz normale Leben waren und sind ihr Inspiration.[5] Celia Rees veröffentlichte ihren ersten Roman 1993. Er erschien im Englischen unter dem Titel „Every Step You Take" und in Deutsch unter dem Titel „ Schritte am Abgrund".[6] Im Jahre 1994 erschien „The Bailey Game", im Deutschen „Klassenspiel" und es folgten bis 2009 21 weitere Veröffentlichungen, bis dato schafften es acht davon auch in die deutschen Buchregale. Ihr neustes Werk heißt „The fool's girl", welches am 5. April 2010 in England erhältlich sein wird.[7]

## Allgemeines zum Buch

Das Buch umfasst 190 Seiten, verteilt auf 24 Kapitel, welche ebenfalls äußerst übersichtlich sind und bei Hausaufgaben mit dem Inhalt nicht vor dem Lesen auf Grund ihres Umfangs abschrecken. Durch das Buch führt fast durchgängig eine der Hauptfiguren Alexandra Lewis – sie erzählt die Geschichte und erinnert sich immer wieder an einen anderen Vorfall an dieser Schule, in welcher Michael Bailey zu einem Mobbingopfer wurde. Diese Geschichte erfährt der Leser immer wieder in kleineren Einschüben, aber die Kapitel 4, 16 und 19 erzählen seine Geschichte im größeren Umfang. Lediglich ein Kapitel wird aus Sicht von Lauren Price, dem neuen Mobbingopfer berichtet. An Hand dieser geschickten Personenkonstellation ist für beide Geschlechter für eine Identifizierung gesorgt – im aktuellen Fall werden zwei Mädchen gemobbt und damit nicht der Eindruck entsteht, dass das lediglich Mädchen treffen kann oder von Mädchen ausgeht, in dem Fall von Sandra Mitchell, gibt es ein männliches Mobbingopfer und eine Gang, hauptsächlich bestehend aus Jungs, somit ist in gewisser Weise für einen geschlechterspezifischen Ausgleich gesorgt und damit man nicht den Eindruck erhält, dass die

---

[5]     http://www.celiarees.com/author/biography.html

[6]     http://de.wikipedia.org/wiki/Celia_Rees

[7]     http://www.celiarees.com/books.html

Jungs die „gewalttätigen Hohlköpfe" sind, spielt die Figur David Morris, der beste Freund von Alex gerade zum Ende des Buches eine wichtige Rolle.

Die Sprache und der Satzbau ist in diesem Buch so gewählt, dass es keine Verständnisschwierigkeiten geben sollte. Die Rückblenden sind auch so deutlich eingeleitet, dass selbst ein unerfahrener Leser keinerlei Verständnisschwierigkeiten haben sollte und durch diese Rückblenden wird die Spannung enorm gesteigert, so dass der Leser förmlich weiter lesen muss, da er wissen will wie es weiter und vor allem wie es ausgeht.

## Der Inhalt des Buches „Klassenspiel"

Ohne Umschweife befindet man sich mitten im Schulalltag einer Siebtklässlerin, welche sich mit ihrer Freundin auf dem Pausenhof unterhält, aber irgendetwas scheint nicht zu stimmen, irgendetwas beschäftigt Alexandra Lewis – Michael Bailey.[8]

Michael Bailey war ein Schüler der Schule, an welche Alexandra, kurz Alex, geht. Seine Geschichte wird immer wieder in kleinen Sequenzen rückblickartig eingestreut und so erfährt der Leser erst nach und nach, welcher düstere Schatten auf der Klasse von Alex und welche schicksalhafte Geschichte hinter der Figur Michel Bailey steckt. Doch warum erinnert sich Alex gerade jetzt immer wieder an ihren ehemaligen Mitschüler Micheal, liegt es an der neuen Mitschülerin Lauren Price, welche mit ihren Eltern von Australien nach England gezogen ist und jetzt in ihre Klasse geht? Lauren war zunächst eine Sensation in der Klasse, da sie aus Australien kam. Aber als sich herausstellte, dass Lauren nicht einmal in der Nähe der Ramsey Street, welche berühmt war für die TV-Serie Nachbarn war, legte sich das Interesse und die Anweisung der Lehrerin nett zu Lauren zu sein legte sich zunehmend, so dass man sie auf dem Pausenhof letztlich ignorierte.[9] Aber dabei sollte es nicht bleiben. Zunehmend fanden die Klassenkammeraden, angestachelt von der „Klassenqueen" Sandra Mitchel und dem Bandenoberhaupt Greg Simson allerlei fadenscheiniger Gründe, um Lauren das Leben zu erschweren. Immer deutlicher wird Lauren von nahezu der ganzen Klasse gemobbt, nur Alex beteiligt sich nicht – darum musste sie auch immer wieder an Michela Bailey denken. In der fünften Klasse war er das Mobbingopfer in der Klasse. Es gab keine offensichtlichen Gründe, man fand sie, so wie bei Lauren. Allerdings entwickelte sich dieser Mobbingfall zu einem Extremfall, denn nicht nur die Klasse, sondern letztlich die gesamte Schule beteiligte sich an diesem Bailey-Spiel. Micheal sah letztlich keinen anderen Ausweg, als sich in den Tod von einer Brücke zu stürzen. Doch zum Glück wurde er vom damaligen

---

[8]     Buch S. 7
[9]     Buch S. 14.

4

Konrektor gerettet und letztlich auch durch das Zuhilferufen dessen durch Alex. Sie erkennt recht bald, dass sich das Muster zu wiederholen scheint und Lauren das neue Opfer ist. Doch diesmal sollte es nicht so weit kommen. Alex freundet sich zaghaft mit Lauren an, um sie vor diesem Schicksal bewahren zu können und um etwas wiedergutmachen zu können, denn damals hatte sich Alex ebenfalls an dem Bailey-Spiel beteiligt. Zunehmend spitzt sich die Situation um Lauren auch zu und immer mehr gerät Alex mit in die Schusslinie. Zum Glück bekommt Alex's Schwester Helen etwas von diesem Martyrium mit und schaltet die Mutter ein. Aber auch die Klassenlehrerin bekommt von diesem boshaften Spiel mit und schaltet sich und damit die Schulleitung ein, welche inzwischen von Mr. Derby, dem ehemaligen Konrektor der Schule, geleitet wird. nach einem Schulschreiben setzen sich die Mütter von Lauren und Alex in Verbindung und überlegen, was nun zu tun sei, denn ein Ende müsse dieses Treiben haben, da Lauren sich bereits völlig verändert hat und die Klasse bereits schon einmal gezeigt hat, welches Potential in ihr schlummert. Jedoch haben Alex und Lauren einen anderen Plan, denn schließlich muss sofort etwas passieren, da sie inzwischen von Greg und seiner Bande erpresst werden. In einem spektakulären Finale gipfelt die Auseinandersetzung zwischen den Tätern und den Opfern, doch es endet für Lauren und Alex positiv. Greg und Sandi werden der Schule verwiesen und das Klassenklima scheint sich wieder zu erholen. Letztlich beweisen die beiden Mädchen noch, dass sie nicht nachtragend sind und auf breiter Ebene aus dieser Geschichte gelernt haben, indem sie Andrea, der Handlangerin von Sandi verzeihen und sie letztlich an ihren Pausenhof spielen teilhaben lassen.

Die Themen

Das große Thema in diesem Buch ist zweifelsohne „Mobbing in der Schule" mit all seinen Facetten in Erscheinungsbild und Ausprägungen – Sozialverhalten unter Jugendlichen, das Verhalten der Jugendlichen in Peers, der Teufelskreislauf der Gewalt und die Außenseiterproblematik, gewaltbereite Gangs, Mitläufer, Aufmerksamkeit der Lehrer und Eltern gegenüber dem Thema Mobbing und das Leben mit einem Schuldgefühl sind Teilthemen, die in diesem Zusammenhang im Vordergrund stehen.

Es gibt aber noch andere Themen in diesem Buch welche durchaus thematisiert werden können. So zum Beispiel das Verhältnis zwischen den beiden Hauptfiguren Lauren und Alex und ihren Eltern und die Familiengeschehnisse allgemein, so auch die Beziehung zwischen Alex und ihrer Schwester Helen. Weiterhin spielt die Liebe eine wenngleich untergeordnete Rolle, denn die Teenager entwickeln sich und stellen zunehmend fest, dass Jungs und

Mädchen inzwischen nicht mehr problemfrei einfach nur befreundet sein können[10], so zum Beispiel Alex und ihr bis dato bester Freund David Morris. Aber das Thema Liebe spielt insofern auch eine Rolle, da das zurückgewiesene Angebot von Greg Simpson an Lauren, ob sie mit ihm „gehen" wohl ein Anlass zur Gesamtrückweisung von Lauren führte. Letztlich ist auch das Thema Freundschaft in diesem Buch angesprochen, denn ohne diese zum Beispiel zwischen Alex und Lauren wäre Lauren den Machenschaften ihrer Peiniger schutzlos ausgesetzt gewesen. Auch die Freundschaft zwischen Alex und David ist insofern bedeutend, da die beiden Mädchen ohne dieses Netzwerk von Freundschaften kein Rückhalt und keine Unterstützung gehabt hätten.

„Klassenspiel" ist zwar kein nativ deutschsprachiges Buch, dennoch bietet es von seinem Genre und den damit gezielt angesprochenem Publikum, seinen in ihre Lebenswirklichkeit reichenden Themen und der narrativ hervorragenden Geschichte, ein umfangreiches Repertoire, um mit diesem Buch erfolgreich zu arbeiten.

Des Weiteren können mit diesem Buch verschiedene Aspekte im Zusammenhang mit der Arbeit mit Literatur aufgegriffen werden. So könnte man die innere und die äußere Welt betrachten, den Perspektivwechsel (innere Monologe), genauer analysieren wie die Chronologie der Ereignisse im Buch dargestellt wird und diese mit der tatsächlichen Chronologie vergleichen, um in diesem Zusammenhang die Wirkung dieser Vorgehensweise zu diskutieren, was sich mit der Analyse sprachlicher Mittel und den Erzähltechniken verknüpfen lässt. Weiterhin könnte man sich spezifisch mit dem Schluss auseinandersetzen, denn in gewisser Weise bietet er durchaus Ansätze zu unterschiedlichen Kritikpunkten (Realistisch? Übertrieben? Zu offen gestaltet? usw.). Ebenso lässt sich die Personenkonstellation im Buch untersuchen und deren Entwicklung sowie die Entwicklung der Geschichte selbst in Hinblick auf Struktur der Handlung und dem Spannungsaufbau und dessen Verlauf. Alle Aspekte lassen sich individuell und in vielfältiger Form gestalten was den Einsatz von zusätzlichen Texten betrifft, der Arbeit mit dem Internet, aber auch der Wahl der Sozialform.

Zudem bietet das Buch allerhand Potential für produktions- und handlungsorientierten Unterricht, was es in Hinblick auf die Aufgabenstellung dieser Hausarbeit sehr interessant erscheinen lässt. Außerdem ist der Deutschunterricht darauf aus den Schüler produktiv werden zu lassen und ihm eine Möglichkeit zu geben sich in seinen Handlungsfähigkeiten weiterzuentwickeln.

---

[10]     Buch S. 10

## Didaktische Analyse

### Verankerung der Sequenz auf den drei Ebenen des Lehrplans

In der Bayerischen Verfassung steht:

„Die Schulen sollen nicht nur Wissen und Können vermitteln, sondern auch Herz und Charakter bilden. Oberste Bildungsziele sind Ehrfurcht vor Gott, Achtung vor religiöser Überzeugung und vor der Würde des Menschen, Selbstbeherrschung, Verantwortungsgefühl und Verantwortungsfreudigkeit, Hilfsbereitschaft, Aufgeschlossenheit für alles Wahre, Gute und Schöne und Verantwortungsbewusstsein für Natur und Umwelt. (…) (Art. 131 Abs. 1 mit 3)

In dieser Form lässt sich der Paragraph wahrscheinlich auf jegliches Projekt, wenn nicht sogar auf jede Einzelstunde anwenden. Wichtig für dieses Literaturprojekt sind der Hinweis auf die Bildung des Herzens und des Charakters sowie die Bildungsziele

„(…) Achtung (…) vor der Würde des Menschen, Selbstbeherrschung, Verantwortungsgefühl und Verantwortungsfreudigkeit (und) Hilfsbereitschaft(…)".

Denn diese Ziele verfolgt die Behandlung eines Buches, welches sich mit einem Thema befasst, welches auf vielfältiger Weise das Handeln von Menschen beeinflussen kann und zu Schaden führt und eben mit Herz, Charakter und Verstand sowie Empathie gar nicht erst entstehen muss oder zu extremen Ausartungen führen darf.[11]

Begibt man sich auf die zweite Ebene des Lehrplans für die Gymnasien in Bayern und schaut sich die Ansprüche des Faches Deutsch an sich selbst an, so stellt man auch hier wieder fest, dass der Mensch als Ganzes im Vordergrund steht und der Schüler somit ganzheitlich zu bilden ist.

Dabei muss dem Schüler im Laufe seiner Schulkarriere bewusst werden, dass Sprache zum einen zu selbstbestimmtem und verantwortungsbewusstem Handeln befähigt und zum anderen, dass in diesem Zusammenhang die Beschäftigung mit Literatur zur Teilhabe am gesellschaftlichen Leben befähigt, da man mit ihr sein Denken ausdrücken kann und des Weiteren die Möglichkeit erhält Probleme kreativ lösen zu können – damit bestimmt das Fach Deutsch im Wesentlichen die Persönlichkeitsförderung des Einzelnen, so wie es der Anspruch des Gymnasiums verlangt.

Der Schüler soll nachhaltig lernen, d.h. sein Wissen vielfältig, in den unterschiedlichen Lebensbereichen und Lebenslagen anwenden können und dies ist wiederum bei der

---

[11]      Das Gymnasium in Bayern

Besprechung des Hauptthemas des Buches von Bedeutung. Mobbing gibt es nicht nur in der Schule, sondern es kann auch in der Familie selbst auftreten, im Sportverein, in der Gemeinde, in welcher man lebt und später im Beruf. Natürlich ändern sich entsprechend des Bereiches die Maßnahmen, aber ist ein Schüler zumindest auf dieses Thema sensibilisiert worden, so wird er nicht zum Täter, nicht zum Mitläufer und weiß sich zu helfen, wenn er zum Opfer zu werden droht. Sein erworbenes Wissen befähigt ihn ebenfalls aktiv gegen Mobbing zu werden, in verschiedener Weise und somit wird er zum verantwortungsvollem Handeln befähigt, beweist, dass er Empathie in sich trägt und aktiv sein Lebensumfeld gestaltet, in dem er sich für Gerechtigkeit und die Würde eines Schwächeren einsetzt.[12]

Im Lehrplan ist weiterhin für die Klassenstufe 8 fächerübergreifend gefordert, dass die Fähigkeit Konflikte zu lösen und sie ebenso zu vermeiden gefördert werden soll und die Bereitschaft geweckt werden soll, sich in einen anderen hineinzuversetzen. Weiterhin ist der Hinweis gegeben, dass die Schüler lernen soll mit Medien umzugehen.

Diesen Forderungen soll in dieser Sequenz nachgekommen werden. Um jemanden zu helfen muss ich seine Situation, aber auch die Position des anderen verstehen. Dazu muss ich mich in beide Personen hineinversetzen können und Fähigkeiten bzw. über Wissen verfügen, wie ich überhaupt helfen kann und welche Hilfe die richtig für diese spezifische Situation ist. Dabei können die Medien, wie zum Beispiel das Internet von Nutzen sein, welches aber auch einen bewussten Umgang fordert, in Hinblick auf die dargebotenen Informationen. In dieser Sequenz soll dies ebenfalls angestrebt werden, indem die Schüler zunächst geleitet nach Informationen auf einer spezifischen Seite suchen und sich dann der freien Suche im Internet nähern. Bei der Recherche steht immer wieder das Thema und damit die Erweiterung des Wissens über dieses und somit die Erweiterung des Handlungsrepertoires im Mittelpunkt [13]

In der achten Jahrgangsstufe im Fach Deutsch verlangt der Lehrplan das Erwerben spezifischen Grundwissens, welches mit der Lektüre „Klassenspiel" in wesentlichen Punkten erfüllt werden kann. Konkret wird angestrebt folgende Ansprüche zu erfüllen:

In Hinblick auf den Punkt „Präsentationstechniken anwenden"[14]

Im Vorfeld der Besprechung der Literatur haben die Schüler bereits verschiedene Präsentationstechniken kennengelernt und werden im Laufe dieser Sequenz immer wieder

---

[12] Deutsch-Selbstverständnis des Faches

[13] Jahrgangsstufe 8 allgemein

[14] Lehrplan Klasse 8 Deutsch

ihre Ergebnisse präsentieren müssen. Dabei erhalten sie verschiedene Materialien und somit verschiedene Möglichkeiten die Präsentation zu gestalten.

In diesem Zusammenhang werden unterschiedliche Kriterien des Anforderungsbereichs „8.1 Sprechen" angesprochen. Die Schüler trainieren zum einen im Bereich der Gruppenpräsentationen das Zuhören und die Gesprächsfähigkeit im Allgemeinen, da sich die Schüler im Klassenverband über das Vorgestellte austauschen. In Vorbereitung auf einen Vortrag bzw. eine Gruppenpräsentation lernen die Schüler sich zu informieren, ihre Ergebnisse zu gliedern und entsprechend strukturiert vorzutragen. Bei der Informationsbeschaffung bedienen sich die Schüler des Internets, wobei sich die Schüler neuer Medien bedienen und lernen mit den Informationen bewusster umzugehen und ihre Rechercheergebnisse in der Arbeitsgruppe und dann im Klassenverband zur Diskussion stellen. Dabei wird auch ein weiteres Anforderungskriterium aus diesem Lernbereich bedient – das Argumentieren. Die Schüler entwickeln auf Grund ihrer Arbeit zunehmend einen Standpunkt und eine Meinung. Diese müssen sie begründen und vertreten können, wenn sich an einer Diskussion konstruktiv beteiligen wollen.

Im Zusammenhang mit der Arbeit am Text, aber auch bei der Erarbeitung verschiedener Aspekte zum Thema Mobbing selbst sollen die Schüler die Möglichkeit erhalten verschiedene Rollen einnehmen zu können, um neue Einblicke zu gewinnen und Empathie für eine Figur entwickeln zu können und damit auch Lösungsmöglichkeiten entwickeln zu können.

Im Lernbereich „8.2 Schreiben" wird unter anderem gefordert, dass die Schüler den Inhalt poetischer Texte so zusammenfassen, „dass das Verständnis geklärt und das Wesentliche sachlich, übersichtlich und knapp wiedergegeben wird".

Dadurch, dass im den ersten zwei Dritteln des ersten Halbjahres der Klasse 8 das Protokoll und die Inhaltangabe auf dem Programm stand, wurde dieser Anspruch des Lehrplans bereits erfüllt und findet aber in dieser Sequenz erneut Anwendung wenn es darum geht den Inhalt einzelner Kapitel oder längerer Abschnitte sinnvoll zusammenzufassen. Allerdings wird diese gewonnene Kompetenz auch bei der Arbeit mit dem Internet zur Anwendung kommen, indem die Schüler ihre Rechercheerbnisse auf das Wesentliche kürzen müssen. Anschließend müssen sie das dortig erworbene Wissen in weiteren Schritten zur Anwendung bringen, wenn es darum geht Lösungskonzepte für bestimmte Problembereiche zu kreieren und damit wird dieses Literaturprojekt auch dem Anspruch gerecht, dass gewonnenes Wissen sinnvoll miteinander verknüpft werden soll.

Der Punkt 8.4 „Sich mit Literatur und Sachtexten auseinandersetzen" wird bei meinem literarischen Vorhaben in der Klasse 8a am umfangreichsten angesprochen und abgedeckt.

Unter dem thematischen Aspekt „Mobbing" setzen sich die Schüler mit einer poetischen Lektüre auseinander. Dabei wenden die Schüler Strategien zum Leseverstehen bewusst an und beziehen ihre eigen Erfahrungen ein und gewinnen somit während der Sequenz einen eigenen Standpunkt zum dargestellten Thema und Problem. In diesem Abschnitt des Lehrplans wird zudem explizit gefordert, dass die Schüler den entsprechenden Text auch produktionsorientiert erschließen, was an verschiedenen Stellen der Sequenz geschehen wird indem sich die Schüler in eine bestimmte Figur hineinversetzen und aus ihrer Sicht die Problematik schildern usw.. Des Weiterer erschließen die Schüler den Text unter anderem in Hinblick auf den Aufbau des Buches und dessen Handlungsverlaufs, sie erschließen das Thema und das dargestellte Problem sowie äußeres und inneres Geschehen, die Motive des Handelns, die Interaktion der Figuren und arbeiten in diesem Zusammenhang die Konflikte heraus, welche die aus dieser Konstellation erwachsen. Mit der Lektürewahl „Klassenspiel" wird dieses Projekt auch dem letzten Anspruch in diesem Lernbereich gerecht: „Bei der Werkauswahl ist auch das Angebot an aktueller Jugendliteratur zu beachten."

Diese spezifische Analyse zeigt, dass nahezu alle Lernbereiche des Faches Deutsch mit dem Literaturvorhaben mit Hilfe der Lektüre „Klassenspiel" in unterschiedlicher Intensität beabsichtigt werden bedient zu werden.

Begründung der Buchauswahl

**Beschreibung der Sequenz**

Das Halbjahr begann für die Schüler thematisch mit dem Protokoll, in Verbindung mit der literarischen Epoche des Barocks. Im Anschluss daran wurde die Inhaltsangabe besprochen und mit einer Schulaufgabe abgeschlossen. Somit waren die Schulaufgaben vor den Weihnachtsferien abgearbeitet und die Klasse konnte sich entspannter auf dieses Literaturprojekt zubewegen, da sie wussten, dass dieser nicht mit einer Schulaufgabe abgeschlossen wird. Das war insofern wichtig, weil sich die Schüler völlig unbefangen und ohne Druck der Literatur und dem Thema an sich näher können sollten.

Im Zuge des handlungs- und produktionsorientierten Ansatzes hatte ich mich dazu entschlossen das Buch nicht im Vorfeld lesen zu lassen und auch sonst so wenig zu Buch zu verraten, damit sich die Schüler nicht gegebenenfalls vorab informieren, das Buch selbstständig erwerben, um es vorab zu lesen. Damit sollte verhindert werden, dass bei Aufgaben, in welchem Über den Fortlauf der Handlung zu spekulieren ist, die Schüler bereits den weiteren Verlauf des Buches kennen und somit keine eigenen Überlegungen anstellen.

Des Weiteren wollte ich einmal ausprobieren wie die Schüler auf diese Herangehensweise reagieren, da ich bis dato das Feedback bekommen habe, dass es den Schülern wenig Freude bereitet im Alleingang und vorab ein Buch zu lesen, um es im Anschluss im Unterricht in seine Bestandteile zu zerlegen, wobei man dann oftmals auch nicht mehr über den konkreten Inhalt des Abschnittes informiert ist und das Buch noch einmal lesen muss und somit für den Schüler nicht mehr verständlich ist, warum er das Buch dann bereits im Vorfeld lesen musste. Deshalb habe ich auch diese Art des Lesens gewählt, was allerdings zur Folge hat, dass die Schüler jeden Tag einen Leseauftrag mit einem Leseschwerpunkt aufgetragen bekommen haben. da das Buch allerdings stark in Kapitel gegliedert ist und es inhaltlich viele Anschlussstellen gibt, muss man den Schülern nur wenige Kapitel zur nächsten Stunde als Hausaufgabe auftragen und kann trotzdem effektiv weiterarbeiten.

Die nachfolgen Tabelle soll einen Überblick darüber geben in welcher Form die Sequenz geplant war.

| Stunde | Thema | Arbeits- und Textgrundlage | Unterrichtsgeschehen |
|--------|-------|---------------------------|----------------------|
| 1 | Einstieg Begegnung mit dem Buch | Bucheinband | - Einstieg über ein Bild aus dem Bereich der optischen Täuschung<br>- Findung eines passenden Titels zu diesem Bild<br>- Präsentation des Buchtitels auf einem großen Plakat<br>- Brainstorming unter Beibehaltung des Gedankens aus der Einleitung zum Bauchtitel – durchgeführt von den Schülern<br>- Austeilen des Buches<br>- Zeit sich das Cover zu betrachten und gemeinsames Lesen des Klappentextes<br>- Ergänzung des Brainstormings<br>HA: Zum nächsten Tag Kapitel 1 lesen und die vorkommenden Personen notieren und in Stichpunkten das Verhältnis zueinander darstellen. |

**Diese Stunde liegt als Strukturskizze vor.**

Im ersten Abschnitt der Stunde sollten die Schüler erkennen, dass sich manche Dinge mit einem Perspektiven wechsel verändern können und diesen Gedanken sollten sich die Schüler für den nächsten Arbeitsschritt bewahren, so dass die Betrachtung des Buchtitels nicht einseitig wird.

Nachfolgend sollten die Schüler einen offenen Zugang zum Buch erhalten und sich in dieser Form intensiv mit dem Titel auseinandersetzen, indem sie diesen durch das durchgeführte Brainstorming bewusster als sonst wahrnehmen. Die Gedanken wurde auf einem Plakat gesammelt

| 2 | Erstellen der Personen-konstellation | Kapitel 1 | - Austeilen des Fragebogens zum Thema „Mobbing" <br> - Vorstellen verschiedener Ansätze der Herangehensweisen der Schüler und Diskussion der Vor- und Nachteile der Vorträge <br> - Auseinandersetzung über die Vorteile der graphischen Darstellung einer Personenkonstellation zu einem gesamten Buch <br> - Einigung auf eine Herangehensweise und gemeinsamer Entwurf einer Personenkonstellation an der Tafel und integrierte Diskussion der einzelnen Beiträge <br> - Übertragen des Tafelbildes in das Heft bzw. Ergänzung des eigenen Entwurfs <br> - Mutmaßung zum weiteren Verlauf des Buches auf Grund dieses Ergebnisses, in Hinblick auf das Thema Mobbing <br> HA: Lies dir das erste Kapitel noch einmal durch. Lege jeweils eine andere Farbe oder eine andere Möglichkeit des Unterstreichens für die Figuren Sandi, Alex und Lauren fest. |
|---|---|---|---|

| | | | Unterstreiche im Text die Stellen in der entsprechenden Farbe, in welcher direkt oder indirekt eine Aussage über sie gemacht wird. |
|---|---|---|---|

In dieser Stunde führte ich eine Befragung zum Thema „Mobbing" in Form eines Fragebogens durch, welcher anonym auszufüllen war. Der Fragebogen wurde bewusst jetzt eingesetzt und nicht in der ersten Stunde, weil die Schüler in dieser ausschließlich den Zugang zu Buch bekommen sollten und nicht durch einen spezifischen Fragebogen in ihrem Denken beeinflusst werden sollten. Am Ende dieser ersten Stunde stand aber fest, dass das Hauptthema des Buches Mobbing sein wird und damit konnte sich der Schüler am Nachmittag auseinandersetzen, wurde aber in keiner Form dazu angeregt, um nicht den Eindruck zu erwecken, dass er sich selbstständig damit auseinandersetzen müsse. Für mich war es zu diesem Zeitpunkt interessant zu erfahren, welchen Wissensstand die Schüler zu diesem Zeitpunkt haben, damit ich entsprechend meine Planung gestallten konnte und Schwerpunkte festlegen konnte, so dass sich die Schüler zu keinem Zeitpunkt langweilen, weil sie eventuell sehr genau zu diesem Thema informiert sind.

Im Anschluss an den Fragebogen sollte in dieser Stunde die spezifische Figurenkonstellation zu Beginn des Buches herausgefiltert werden, um bestimmte Tendenzen zu veranschaulichen, wie sich zum Beispiel das Geschehen im Buch weiterentwickeln könnte. Damit setzten sich die Schüler intensiv mit der Literatur auseinander. Beim Zusammentragen der Herangehensweisen und der unterschiedlichen Umsetzung der Hausaufgabe wurde den Schülern verdeutlicht, dass es verschiedene Möglichkeiten gibt, sich die eine aber mehr und die andere weniger in punkto Übersichtlichkeit und Veranschaulichung eignet. Deshalb einigte man sich auf ein Darstellungskonzept – im Mittelpunkt standen immer die Ideen der Schüler und die Interaktion unter ihnen.

Das Tafelbild entstand folglich in gemeinsamer Interaktion. Die Schüler traten nacheinander an die Tafel, stellten zunächst ihren Gedanken vor und gaben ihn somit zur Diskussion frei. Sie mussten also ihre Meinung begründen und konnten dann, wenn die Klasse damit einverstanden war, ihren Gedanken, in Form von Verbindungspfeilen und Stichworten oder Symbolen an die Tafel bringen. Damit wurde auch wieder an der Präsentationstechnik gearbeitet. In einigen Fällen kam es zu intensiven und langanhaltenden Diskussionen, wie der entsprechende Gedanke festgehalten werden soll. Das hatte zur Folge, dass das Erstellen der Personenkonstellation die gesamte Stunde in Anspruch nahm, da die Schüler das Tafelbild erst am Ende der Erarbeitung übernehmen sollten, da immer wieder etwas weggewischt oder farblich verändert wurde, bis nahezu alle mit der entsprechenden Darstellung einverstanden waren und sich mit ihr identifizieren konnten.

Anschließend wurde darüber spekuliert, wie sich die Geschichte auf Grund der Personenkonstellation und des Themas „Mobbing" weiterentwickeln könnte.

| 3 | Erarbeitung der Wesenszüge und Eigenschaften zu den Figuren Sandi, Lauren und Alex | Kapitel 1 | - Einstieg über die Personenkonstellation<br>- Gruppenarbeit: sechs Gruppen werden gebildet, jeweils zwei zu einer Figur (Sandi, Lauren, Alex)<br>- Aufgabe: Stellt in der Gruppe eure Ergebnisse aus der Hausaufgabe zu der Figur, welche ihr in der Gruppe bearbeiten sollt, vor. Legt dazu eine sinnvolle Tabelle an, in welcher ihr die Textstelle und die daraus abgeleiteten Wesenszüge darstellt.<br>- anschließend setzen sich die Partnergruppen zusammen<br>- Aufgabe: Vergleicht eure Ergebnisse. Legt eine Folie an, auf welcher ihr das Gesamtergebnis festhaltet. Fertigt zusätzlich ein Plakat zu dieser Figur an, welches Auskunft über die Wesenszüge und zusätzlichen Besonderheiten oder Beziehungen zu anderen Figuren Auskunft gibt. Bildet dazu zwei Arbeitsgruppen und überlegt zunächst, wie ihr das Plakat und die Folie gestellten wollt. Haltet anschließend eine kurze Absprache dazu mit dem Rest der Gruppe. Achtet bei der Gestaltung von Folie und Plakat auf Übersichtlichkeit und Veranschaulichung des Dargestellten. Einigt euch abschließend darauf wer die Ergebnisse präsentiert – Vielfalt und Abwechslung ist erwünscht! |

| | | | | - Präsentation von zumindest einer Gruppe wird angestrebt |
|---|---|---|---|

Auch in dieser Stunde stand das erste Kapitel im Vordergrund und die intensive Beschäftigung mit dem Text. Die Gruppenarbeit wurde hier wiederum als Sozialform gewählt, da die Schüler sich gegenseitig helfen sollten und einen Eindruck davon bekommen sollten, wie unterschiedlich verschiedene Textstellen empfunden und interpretiert werden können. Des Weiteren wurde auch hier wieder das Selbstbewusstsein trainiert sich in einer Gruppe zu äußern und für seine Idee einzutreten, denn letztlich trug jeder der Schüler zu der aufgetragenen Präsentation bei. Allerding habe ich auch in dieser Stunde den Faktor Zeit unterschätzt. Es dauert immer eine bestimmte Zeit, bis sich eine ertragreiche Arbeitshierarchie in einer Gruppe entwickelt und somit festgelegt ist, wer welche Aufgabe übernimmt. Ist dies geklärt, so kann effektiv gearbeitet werden. Das Zusammenführen der beiden Gruppen sollte auch hier noch einmal den Effekt haben, dass man sich auf den anderen einlassen muss, aber sein eigenes Ziel nicht aus dem Auge verlieren darf und letztlich gemeinsam an einem Strang zieht, um zu einem Ergebnis zu gelangen. Da eine solche Großgruppe aber immer die Gefahr birgt, dass sich einige Schüler zurücklehnen, wurde dieser wieder sehr schnell aufgelöst, indem sich aus dieser Gruppe zwei neue, diesmal eigenständig von den Schülern gebildete Gruppen auf die unterschiedlichen Aufgaben setzten. Somit mussten sich die Schüler im Kleinen selbst organisieren und standen im intensiven Kontakt und Austausch untereinander – Förderung der Kommunikationskultur, der Selbstorganisation und damit des Verantwortungsbewusstseins für den Rest der Arbeitsgruppe.

Zu einer Präsentation kam es in dieser Stunde allerdings nicht. Die einzelnen Gruppen beendeten aber ihre Arbeiten, so dass in der Folgestunde präsentiert werden konnte.

| 4 | Präsentation der Gruppen-arbeiten | Plakate und Folien der einzelnen Gruppen, Notizen im eigenen Buch | - Auslosung der Gruppe, die beginnen sollte<br>- Präsentation der Gruppenarbeiten<br>- Feedback zu den einzelnen Präsentationen und Ergänzungen und Fragen zu den einzelnen Darstellungen mit Hilfe der Markierungen im Buch |
|---|---|---|---|

| | | | |
|---|---|---|---|
| | | | HA: Lies das zweite Kapitel und streiche dir im Text die Stellen an, in welchen direkt oder indirekt Aussagen über Greg Simson gemacht werden. Ergänze gegebenenfalls deine Personenkonstellation. |
| 5 | Erarbeitung der Figur Greg Simson/ Internet- recherche | Kapitel 2, Internetseite: www.labbe.de | - gemeinsame Besprechung der Figur „Greg Simson" in Hinblick auf Wesensarten und sonstige nennenswerte Merkmale<br>- Erstellen eines Plakats<br>- Ergänzung der anderen Plakate<br>- Überleitung zu Kategorisierung „Mobbing-Opfer" und „Mobbing-Täter"<br>- Verweis auf Fragebogen von zweiter Stunde |